*4 mai 1847.*

# CATALOGUE
## DES
# TABLEAUX

DES ÉCOLES ITALIENNE, ESPAGNOLE, FLAMANDE

ET FRANÇAISE,

Composant la Galerie de M. le Comte D'ESPAGNAC,

DONT LA VENTE SE FERA

EN SON HOTEL,

### RUE D'AGUESSEAU, N° 15,

Au mois de *Mai* 1847.

Par le ministère de M° BONNEFONS DE LAVIALLE,
Commissaire-Priseur, rue de Choiseul, n. 11.

———◦●◦———

Un ordre de vacation, qui sera distribué ultérieurement et aussi publié
dans les journaux, indiquera les jours d'exposition et de vente.

———◦●◦———

LE PRÉSENT CATALOGUE SE DISTRIBUE,

**A PARIS,**

CHEZ { M° BONNEFONS, Commissaire-Priseur ;
M. DEFER, quai Voltaire, 19.

———◦●◦———

IMPRIMERIE ET LITHOGRAPHIE DE MAULDE ET RENOU,
Rue Bailleul, 9 et 11.
—
**1846.**

*Exemplaire de Beurdeley père*
*exposition, les 2 et 3 Mai 1847*
*vente, les 4, 5, 6 et 7 Mai.*

# AVANT-PROPOS.

On attache généralement peu d'importance à la rédaction comme à la lecture d'un catalogue de vente de tableaux, parcequ'il n'est rien dont généralement aussi l'on n'abuse davantage. Le moindre cabinet, la plus modeste collection, veulent se produire sous l'apparat d'une pompeuse annonce, et le public finit par croire, ou qu'il n'y a rien de plus banal que de grands noms en peinture, ou que le préjugé seul a créé tous ces grands noms. Les ouvrages authentiques des grands maîtres italiens, qui sont rares, même en Italie, auraient donc le merveilleux privilége en France, d'y être tellement communs, qu'à bon marché et sans beaucoup de peine, chacun pourrait se passer la fantaisie d'en réunir une collection? C'est là pourtant une singulière erreur ; et cette erreur, en se propageant, est bien fatale à l'art qu'elle déconsidère, car les imitations et les copies des maîtres font autant de dupes que d'incrédules. Il en résulte que l'amateur clairvoyant qui, renonçant à des jouissances plus vulgaires, a consacré une partie de sa vie et beaucoup de voyages, à recueillir un certain nombre de tableaux vraiment authentiques, se voit ainsi frustré par le charlatanisme du noble prix qu'il eût été en droit d'attendre ; car, dans ce cas, les résultats ne doivent-ils donc s'évaluer qu'en argent ?

L'on répète, à satiété, que l'amour de l'argent est la principale plaie de notre époque ; mais cette plaie n'est réelle que lorsque l'intelligence ne féconde pas l'emploi qu'on pourrait faire d'un si puissant mobile. Ainsi, l'époque des Médicis ne fut-elle pas aussi une ère de gains aventureux, de spéculations productives ? ne fut-elle pas en même temps une ère immortelle dans l'histoire de l'art ? Une partie des trésors que le commerce apportait à ces grands citoyens surnommés les Magnifiques, était par eux employée, non seulement à rassembler d'anciens chefs-d'œuvre, mais encore à encourager les artistes contemporains à en produire eux-mêmes. En effet, auprès du mal existe presque toujours l'élément du bien ; aussi, ne doutons jamais qu'à la voix de généreux Mécènes surgiront des artistes dignes de leurs encouragements.

Mais les artistes, fussent-ils pourvus des plus fécondes inspirations naturelles, ont besoin de s'éclairer en remontant aux sources les plus pures du beau et du vrai. S'ils dédaignent, par sentiment, ces œuvres frauduleuses dont des noms usurpés couvrent mal l'indigence, ils recherchent avec sympathie toutes les productions sincères de ces hommes de génie qu'ils voudraient être appelés à faire revivre. Lors donc que l'or pur se montre scrupuleusement séparé du faux or, il convient de le constater, dans l'intérêt bien entendu de l'art. C'est là ce que nous avons précisément à faire, à l'occasion de la vente dont nous publions le catalogue.

Cette collection, dans laquelle sont convoquées toutes les écoles, a été plus particulièrement dédiée au culte de la peinture italienne, et cette préférence s'y justifie par un choix de tableaux qui portent, avec un juste orgueil, les plus grands noms; cependant, les écoles espagnole, flamande et française, y sont également représentées d'une manière digne d'elles. Claude le Lorrain, Ruysdael et Hobbema, y soutiennent splendidement l'honneur du paysage. Ce qui recommande en outre, d'une façon toute particulière, cette collection formée avec tant de sollicitude, c'est que, par la petite dimension des tableaux qui la composent, elle rivalise, sous le rapport de cette dimension, avec les collections flamandes.

On ne se rend pas toujours bien compte des motifs de certaines préférences; ainsi, le placement facile de tableaux flamands, a plus de part qu'on ne le suppose à l'engouement dont ils sont devenus l'objet; c'est tellement vrai, pour ne citer qu'un seul exemple, que le Corrége, de la vente Lapeyrière, par le mérite combiné de sa perfection et de sa petitesse, atteignit à la vente le prix de 80,000 francs, et fut immédiatement cédé pour plus de 100,000, à la galerie de Windsor.

Sous ce rapport donc, comme sous tous les autres, la collection de M. le comte d'Espagnac doit attirer, sans exception, tous ceux qui prétendent au titre d'amateur. La dispersion de cette collection, unique par le grand nombre d'esquisses terminées qu'elle renferme, est une calamité réelle; et nous ne conclurons pas cet avant-propos sans exprimer le souhait qu'il se présente un amateur, assez amateur et assez riche pour conserver intact un semblable dépôt artistique.

Disons maintenant qu'un catalogue de vente doit différer d'un catalogue de musée ou de galerie, en ce sens que, tandis que l'un est destiné à s'associer à la durée d'un monument élevé à l'art, l'autre n'est essentiellement qu'un inventaire dressé pour la commodité des acheteurs. Dès lors, dans ce dernier cas, plus un catalogue sera simple dans ses classifications, simple dans son texte, plus il sera à la portée de tout le monde, plus il inspirera de confiance. Telle est la méthode qui a présidé à la rédaction de celui-ci : il n'admet pas d'autres classifications que les quatre grandes divisions d'écoles italienne, espagnole, flamande et française.

Dans chacune de ces quatre divisions, l'ordre alphabétique des noms classera seul les tableaux des peintres.

Une statue de Madeleine, par M. de Triquety, auteur des bas-reliefs des portes du temple de la Madeleine, et de la belle effigie du duc d'Orléans, placée sur le cénotaphe de la chapelle de St-Ferdinand, complètera la nomenclature de ce catalogue.

# ÉCOLE ITALIENNE.

### ALBANI (FRANCESCO).

Né en 1578, mort en 1660.

1. — L'Enlèvement d'Europe. — Variante de celui de la galerie des Offices, à Florence.

H. 60 c., l. 77 c.

2. — Baptême de Jésus. — Provenant du château de Monte-Gibbio, dans le Modénais.

H. 61 c., l. 42 c.

### ANGELICO (FRA GIOVANNI DA FIESOLE).

Né en 1387, mort en 1455.

3. — Jugement de Salomon.

H. 32 c., l. 41 c.

## ANDREA DEL SARTO (VANNUCCHI).

Né en 1488, mort en 1530.

4. — La Vierge aux Anges. — La même composition, presque sans variantes, fait partie de la galerie Corsini, à Florence ; ce tableau a été acheté à Reggio, dans le Modénais.

H. 121 c., l. 103 c.

5. — La Vierge et l'Enfant-Jésus. — Celui-ci ému par un pressentiment de l'avenir, se réfugie dans les bras de sa mère.

H. 99 c., l. 79 c.

6. — La Vierge, L'Enfant-Jésus et saint Jean qui prophétise. — Esquisse d'un célèbre tableau de ce maître.

H. 59 c., l. 31 c.

## BAROCCIO (FIORI FEDERIGO).

Né en 1528, mort en 1612.

7. — Salutation de la Vierge.

H. 23 c., l. 17 c.

8. — Tête d'étude de saint Joseph.

H. 30 c., l. 28 c.

9. — Tête d'étude de la Vierge.

H. 35 c., l. 30 c.

## BELLINI (GIOVANNI).

Né en 1426, mort en 1516.

10. — Tête de Christ.

H. 30 c., l. 25 c.

## BONIFAZIO.
### Né en 1491, mort en 1553.

11. — Vénus cherche à retenir l'Amour qui fuit avec l'aube du jour.
H. 90 c., l. 192 c.

## BRUSASORCI (RICCIO FELICE).
### Né en 1540, mort en 1605.

12. — La Vierge, l'Enfant-Jésus, sainte Anne et saint Jean.
H. 26 c., l. 19 c.

## CALABRESE (CAV. MATTIA PRETI).
### Né en 1613, mort en 1699.

13. — Martyre de saint André.
H. 53 c., l. 78 c.

## CANAL (ANTONIO IL CANALETTO).
### Né en 1697, mort en 1768.

14. — Vue de l'église della Salute, à Venise.
H. 45 c., l. 61 c.

15. — Vue de l'église S. Giorgio Maggiore, à Venise.
H. 45 c., l. 61 c.

16. — Le port Ripetta, à Venise.
H. 65 c., l. 81 c.

## CARAVAGGIO (MICHEL-ANGIOLO-AMERIGHI).
### Né en 1569, mort en 1609.

17. — Les Juifs outrageant la tête de saint Jean.
H. 74 c., l. 116 c.

18. — Trois petits Satyres enivrent et enlacent de lierre trois Amours.
H. 118 c., l. 150 c.

## CARLO DOLCI.
Né en 1616, mort en 1686.

19. — Lo Spasimo.
H. 50 c., l. 36 c.

20. — L'archange saint Michel terrasse Satan. — Ce tableau provient d'un antique château du Modénais.
H. 78 c., l. 51 c.

21. — La Madeleine.
H. 65 c., l. 50 c.

22. — Saint Louis de Gonzague.
H. 62 c., l. 55 c.

## CARRACI (Lodovico).
Né en 1555, mort en 1619.

23. La Vierge, L'Enfant-Jésus, et le petit saint Jean qui leur présente un simulacre de croix.
H. 26 c., l. 20 c.

## CARRACI (Agostino).
Né en 1558, mort en 1601.

24. — Jésus en prière, va être livré par Judas.
H. 220, l. 136 c.

## CARRACI (Annibale).
Né en 1560, mort en 1609.

25. — Le Démon tente Jésus. — Tableau acheté à Modène.
H. 134 c., l. 99 c.

26. — Esquisse de la Déposition de Croix qui est au musée du Louvre.
H. 24 c., l. 17 c.

27. — Assomption de la Vierge.
H. 79 c., l. 54 c.

28. — Portrait du littérateur Crocci, son ami.
H. 41 c., l. 33 c.

29. — Polyphême saisissant un rocher, pour frapper le berger Acis qui fuit avec Galatée.
H. 58 c., l. 49 c.

30. — Tête colossale d'étude pour une Ariadne. — Achetée à Reggio, dans le Modénais.
H. 55 c., l. 43 c.

## CAVEDONE (JACOPO).
Né en 1577, mort en 1650.

31. — La Vierge éplorée assiste à l'ensevelissement du Christ par Joseph d'Arimathie.
H. 10 c., l. 20 c.

32. — Résurrection du Christ.
H. 40 c., l. 30 c.

## CERQUOZZI (MICHEL-ANGELO DELLE BATTAGLIE).
Né en 1602, mort en 1660.

33. — Fruits et Architecture.
H. 98 c., l. 125 c.

## CIGNANI (CARLO).
Né en 1628, mort en 1719.

34. — Allégorie des cinq sens. — La première pensée de ce tableau, avec demi-figures, fait partie du Musée de Turin.
H. 132 c., l. 165 c.

35. — Vénus caressant l'Amour.
H. 5 c., l. 12 c.

## COREGGIO (ANTONIO ALLEGRI).
### Né en 1494, mort en 1534.

36. — La Création d'Ève. — Effet de nuit.
H. 111 c., l. 145 c.

37. — La Nuit, ou l'Adoration des Bergers. — Esquisse accomplie du célèbre tableau de la galerie de Dresde; cette esquisse aurait appartenu à la galerie du palais Riccardi, à Florence.
H. 40 c., l. 31 c.

38. — Adam et Ève après le péché.
H. 36 c., l. 27 c.

39. — Deux jeunes Enfants qui personnifient les plaisirs éphémères de l'amour.
H. 85 c., l. 64 c.

40. — Repos de la sainte Famille. — Ce tableau, naïf comme la première pensée d'un sujet plusieurs fois traité par le maître, provient d'un antique château du Modénais.
H. 70 c., l. 89 c.

41. — Même sujet, traité différemment. — Ce tableau, acheté à Reggio, dans le duché de Modène, doit être considéré comme la première pensée du tableau de même dimension que possède la tribune des Offices, à Florence ; ils diffèrent entièrement, quant au coloris, car l'un a été peint sans l'emploi des glacis ; ils diffèrent encore, en ce que le saint François du tableau de la tribune est remplacé ici par l'apôtre saint Jean se disposant à écrire ; il a près de lui son

aigle. Nous signalerons enfin la supériorité d'énergie qui caractérise, dans le tableau de notre catalogue, le saint Joseph, la sainte Vierge et les détails du paysage.

H. 121 c.; l. 104 c.

## CORTESE (GUGLIELMO DETTO IL BORGOGNONE.)
### Né en 1628, mort en 1679.

42 — Épisode de la peste de Bologne.

H. 77 c., l. 63 c.

## CREDI (LORENZO SCIARPELLONI DI).
### Florissait au commencement du XVIe siècle.

43. — La Vierge, l'Enfant-Jésus et le petit saint Jean.

H. 34 c., l. 34 c.

## CRESPI (DANIELE).
### Né en 1630, mort âgé d'environ 40 ans.

44. — Résurrection du Christ.

H 98 c.; l. 77 c.

45. — Jésus crucifié entre les larrons.

H. 51 c., l. 25 c.

46. — La Déposition de croix.

H 41 c., l. 30 c.

## CRESPI (ANTONIO MARIA BUSTINI).
### Florissait dans le XVIIe siècle.

47. — Intérieur de cuisine. — Une servante polit un vase de cuivre.

H. 30 c., l. 22 c.

### DANIELE DI VOLTERRA (RICCIARELLI).
#### Mort en 1566.

48. — Après la Déposition de croix, le Christ gît aux pieds de sa Mère qui s'évanouit de douleur.

H. 50 c., l. 32 c.

### DOSSI DOSSO.
#### Mort en 1560.

49. — L'Enfant-Jésus est adoré par sa mère, par saint Joseph et le petit saint Jean, tandis qu'un chœur d'anges le glorifie.

H. 59 c., l. 39 c.

### FONTANA (LAVINIA).
#### Née en 1552, morte en 1614.

50. — Mariage mystique de sainte Catherine.

H. 109 c., l. 86 c.

### FRANCIA (FRANCESCO RAIBOLINI).
#### Mort en 1533.

51. — La Vierge et l'Enfant-Jésus. — (Derrière le panneau, on lit : di mano del Francia fu comprato dal Sr Cau Mario Sampieri, per z. 500, l'anno 1525), c'est-à-dire 500 sequins.

H. 54 c., l. 48 c.

### GARAFOLO (BENVENUTO TISIO DA).
#### Né en 1481, mort en 1559.

52. — La Sainte Famille visitée par sainte Élisabeth et par le petit saint Jean.

H. 40 c., l. 29 c.

## GIMIGNANI (GIACINTO).
### Né en 1591, mort en 1665.

**53.** — Constantin, en présence du pape saint Sylvestre, pose la première pierre des fondations du baptistère de St-Jean-de-Latran.

H. 48 c., l. 40 c.

## GIORGIONE (GIORGIO BARBARELLI).
### Né en 1477, mort en 1511.

**54.** — Ex voto : Le Donateur et sa fille implorent la Vierge et l'Enfant-Jésus.

H. 45 c., l. 57 c.

**55.** — Portrait d'un Chevalier hospitalier.

H. 70 c., l. 56 c.

**56.** — Jugement de Midas.

H. 70 c., l. 102 c.

## GIOTTO (DI BONDONE).
### Né en 1276, mort en 1337.

**57** — Caravane de pèlerins apportant des offrandes à un couvent. — Saint Jérôme, cardinal, accompagné par les religieux, sort pour recevoir ces présents. Tableau signé.

H. 38 c., l. 64 c.

## GUERCINO (BARBIERI GIAN FRANCESCO).
### Né en 1590, mort en 1666.

**58.** — Conversion de saint Paul.

H. 80 c., l. 58 c.

**59.** — Christ mis au tombeau.

H. 41 c., l. 32 c.

**60.** — Une Devise d'armoiries.

## GUIDO (RENI).

### Né en 1575, mort en 1642.

61. — La Madeleine repentante visitée par des anges.
H. 217 c., l. 148 c.

62. — Baptême de Jésus-Christ.
H. 37 c., l. 27 c.

63. — Étude d'Enfant qui sommeille.
H. 45 c., l. 35 c.

64. — Le bon Pasteur.
H. 17 c., l. 12 c.

65. — Esquisse peinte et dessin de la première pensée du célèbre tableau de la pinacothèque de Bologne, le Massacre des Innocents.
H. 52 c., l. 38 c.

66. — Portrait de cardinal.
H. 132 c., l. 100 c.

67. — Ex voto : Un Donateur et son fils implorent la sainte Vierge et l'Enfant-Jésus. Saint Jérôme tient ouvert le Livre des prophéties.
H. 50 c., l. 37 c.

68. — Tête d'étude de saint François.
H. 35 c., l. 32 c.

## LUINI (BERNARDINO DA LUINO).

### Florissait dans le XVIe siècle.

69. — La Madeleine. — Imitation de celle de Lionardo da Vinci.
H. 54 c., l. 38 c.

## MARATTA (CARLO).

Né en 1625, mort en 1713.

70. — Adoration des Bergers.

H. 30 c., l. 21 c.

## MAZZUOLI (GIROLAMO).

Florissait en 1580.

71. — Naissance de la Vierge.

H. 25 c., l. 21 c.

## MAZZUOLI (FRANCESCO IL PARMIGIANINO).

Né en 1503, mort en 1540.

72. — Le Christ mis au tombeau.

H. 101 c., l. 64 c.

73. — La sainte Vierge et l'Enfant-Jésus visitent sainte Élisabeth; saint Jean adore à genoux l'Enfant-Jésus, tandis qu'une gloire d'anges solennise cette scène; saint Joseph et deux gracieuses figures de femmes occupent le dernier plan.

H. 42 c., l. 22 c.

74. — Frais paysage au bord de l'eau. — On y remarque deux groupes de figures, l'un représentant le jugement de Pâris, l'autre Diane et ses nymphes.

H. 33 c., l. 44 c.

75. — Autre petit paysage, avec un repos de la sainte famille.

H. 13 c., l. 18 c.

## MONSIGNORI (GIROLAMO DOMENICANO).

Florissait à la fin du XVe siècle.

76. — La dernière cène de Notre-Seigneur avec

ses apôtres. — Cette copie, libre, du cénacle peint à Milan par Lionardo da Vinci, a appartenu au riche couvent de St-Benoît, près de Mantoue. D'abord placée dans le réfectoire du couvent, elle décora depuis la magnifique et précieuse bibliothèque ; actuellement encore, on voit au dessus de la porte d'entrée de cette bibliothèque désormais dispersée, l'empreinte de la bordure en chêne massif qui encadrait ce tableau. Vasari et l'abbé Lanzi l'ont cité comme la plus belle reproduction du cénacle de Milan. En 1809, le prince vice-roi d'Italie, chargea le directeur de l'académie de Milan, le cavalier Bossi, connu par un excellent ouvrage sur le cénacle de Lionardo da Vinci, d'acquérir à tout prix le tableau de Monsignori ; mais son riche propriétaire refusa de s'en dessaisir. Ce monument de l'art est d'une rare conservation.

H. 238 c., l. 726 c.

## PADOVANO (PADOVANINO VAROTARI).

Né en 1590, mort en 1650.

77. — Repos d'Armide. — Étude terminée pour le tableau de Renaud et Armide, de l'ancienne galerie du Régent.

H. 98 c., l. 118 c.

## PAOLO VERONESE (CALIARI).

Né en 1530, mort en 1588.

78. — L'Amour en pleurs se réfugie près de Vénus irritée.

H. 97 c., l. 73 c.

79. — Ensevelissement du Christ. — Etude rapportée du Modénais.
H. 40 c., l. 30 c.

80. — Martyre de sainte Irène. — Étude rapportée du Modénais.
H. 73 c., l. 58 c.

81. — Jeune Vénitienne tissant de la dentelle.
H. 102 c., l. 75 c.

82. — Portrait de vieillard.
H. 60 c., l. 50 c.

## PENNI (GIAN FRANCESCO IL FATTORE).
Florissait au commencement du XVIe siècle.

83. — Sainte Cécile inspirée par des anges.
H. 46 c., l. 37 c.

## POLIDORO.
Né en 1510, mort en 1565.

84. — La sainte Famille et saint Sébastien.
H. 46 c., l. 37 c.

## PONTORMO (JACOPO CARRUCCI).
Né en 1493, mort en 1558.

85. — La Pitié. — Style d'Albert Durer.
H. 71 c., l. 56 c.

86. — Même sujet. — Même style.
H. 24 c., l. 18 c.

87. — Portrait d'homme.
H. 99 c., l. 76 c.

## PRIMATICCIO (L'ABATE NICCOLÒ).
Né en 1490, mort en 1570.

88. — Portrait de Diane de Poitiers, représentée

en Flore sous un portique du jardin d'Anet. — La ressemblance de ce portrait avec la statue de Diane par Jean Goujon, est à signaler. Ce portrait fut peint pour Henri II.

H. 188 c., l. 125 c.

## PROCACCINI (GIULIO CESARE).
### Né en 1538, mort en 1616.

90. — Saint Joseph caresse l'Enfant-Jésus. — Étude achetée à Reggio, dans le Modénais.

H. 34 c., l. 30 c.

## RAFAELLO (SANZIO DA URBINO).
### Né en 1483, mort en 1520.

90. — Saint Georges, patron de l'Angleterre, peint pour le roi Henri VIII, avec l'ordre de la Jarretière. — Lorsque Cromwel fit vendre la galerie de Charles I$^{er}$, ce tableau fut acheté par le comte de Pembroock. Successivement il passa dans les galeries célèbres de M. de Sourdis, de M. de Montarsis, du financier Crozat. Plusieurs fois gravé, les plus connues de ces gravures sont celles de Worsterman et de Larmessin.

Voici comment André Félibien mentionne ce tableau, dans ses Entretiens sur les vies et sur les ouvrages des plus excellents peintres anciens et modernes :

« Pour les autres ouvrages de Raphael qui sont en
« divers cabinets de cette ville, vous aurez vu sans
« doute celui de M. le marquis de Sourdis ; c'est un
« saint Georges de la même grandeur et manière
« que celui du Roi ; le nom de Raphael est écrit en
« lettres d'or au poitrail du cheval. Il vient du roi
« d'Angleterre. »

Ce que Félibien a oublié de noter, c'est que par dessus l'armure, au dessous du genou gauche, Raphael a placé l'ordre de la Jarretière. Lépicié, dans son Catalogue raisonné des tableaux du roi, s'exprime ainsi : *Il est vrai que Raphael a peint, pour Henri VIII, un saint Georges de la même grandeur que celui du Roi, mais il l'a traité différemment.* Paul Lomazzo fait mention d'un saint Georges que Raphael aurait peint sur une planche qui faisait le revers d'un damier ; celui-ci est peint sur un léger panneau de bois ; serait-ce le même qu'indiquait Lomazzo ?

H. 30 c., l. 23 c.

### RIZZO DI SANTA CROCE (FRANCESCO).
#### Florissait à la fin du XVe siècle.

91. — Madone avec l'Enfant-Jésus.

H. 20 c., l. 15 c.

### RONDINELLO (NICCOLÒ).
#### Florissait à la fin du XIVe siècle.

92. — La Salutation angélique.

H. 34 c., l. 23 c.

93. — Saint François et un saint évêque.

H. 31 c., l. 23 c.

### SACCHI (ANDREA).
#### Né en 1600, mort en 1661.

94. — La Sibylle persique

H. 153 c., l. 115 c.

95. — Miracle de Bolsène.

H. 61 c., l. 8 c

## SALAI (SALAINO ANDREA)..
*Florissait au commencement du XVIe siècle.*

96. — La Vierge et l'Enfant-Jésus. — Style de Lionardo da Vinci.
H. 66 c., l. 51 c.

## SALVATOR ROSA.
*Né en 1615, mort en 1673.*

97. — Soldats jouant aux dés. — Esquisse du tableau de la galerie Dulwich, en Angleterre.
H. 13 c., l. 9 c.

## SCARSELLA (IPPOLITO DETTO LO SCARSELLINO).
*Né en 1551, mort en 1621.*

98. — Plusieurs saints ont une vision de la Vierge.
H. 70 c., l. 57 c.

99. — La Madeleine près du tombeau du Christ.
H. 25 c., l. 22 c.

## SCHEDONE (BARTOLOMMEO).
*Florissait au commencement du XVIe siècle.*

100. — Le Christ au tombeau est visité par des anges.
H. 52 c., l. 35 c.

101. — Copie de la Madone alla Scudella, du musée de Parme.
H. 82 c., l. 58 c.

## SEBASTIANO DEL PIOMBO.
*Né en 1485, mort en 1547.*

102. — La femme adultère.
H. 40 c., l. 53 c.

## SIRANI (ELISABETTA).

### Née en 1638, morte en 1665.

103. — La Vierge, l'Enfant-Jésus et le petit saint Jean.

H. 17 c., l. 22 c.

104. — Deux aquarelles : la Physique et la Chimie.

H. 15 c., l. 19 c.

## TEMPESTA (CAV. PIETRO MULIER).

### Né en 1637, mort en 1701.

105 — Quatre petites marines.

H. 8 c., l. 11 c.

## TIEPOLO (GIO BATISTA).

### Né en 1693, mort en 1770.

106. — Prédication devant le pape Jules II. — C'est à un capucin qu'est dévolu le privilége de prêcher la passion devant le Pape.

H. 32 c., l. 47 c.

107. — Ordination d'évêque.

H. 32 c., l. 47 c.

## TINTORETTO (JACOPO ROBUSTI).

### Né en 1512, mort en 1594.

108. — La flagellation à la colonne.

H. 55 c., l. 30 c.

109. — Même sujet.

H. 35 c., l. 62 c.

110. — Parabole des travailleurs endormis.

H. 152 c., l. 127 c.

111. — Esquisse de la piscine probatique, de l'église de St-Roch, à Venise.
H. 116 c., l. 159 c.

112. — Esquisse du Jugement dernier, de l'église de la Madone dell' Orto, à Venise.
H. 114 c., l. 53 c.

113. — Déposition de croix.
H. 75 c., l. 64 c.

114. — Portrait d'un noble vénitien.
H. 105 c., l. 84 c.

115. — Portrait d'un cardinal.
H. 74 c., l. 59 c.

116. — Portrait d'homme vêtu de noir.
H. 44 c., l. 39 c.

## TIZIANO (VECELLIO DA CADORE).
### Né en 1477, mort en 1576.

117. — La Palingénésie de l'Amour. — Cette composition capitale rappelle celle d'un tableau du Louvre, catalogué comme portrait du M$^{is}$. de Guast.
H. 121 c., l. 141 c.

118. — Saint François, saint Dominique, saint Thomas-d'Aquin et un saint évêque ont une vision de la Vierge et de l'Enfant-Jésus.
H. 54 c., l. 37 c.

119. — Portrait de Paul III, Farnèse, successeur de Léon X.
H. 90 c., l. 73 c.

120. — Portrait d'un Doge Barberigo.
H. 54 c., l. 43 c.

## VANNI (FRANCESCO).

Né en 1565, mort en 1609.

121. — Repos de la sainte Famille. — Un ange présente des aliments à l'Enfant-Jésus. (L'esquisse de ce tableau est au Louvre.)

H. 117 c., l. 89 c.

## VINCI (LIONARDO DA).

Né en 1452, mort en 1519.

122. — La Madeleine prie. — Elle est pudiquement voilée par sa merveilleuse chevelure.

H. 69 c., l. 53 c.

123. — Castor et Pollux.

H. 87 c., l. 60 c.

## ZAMPIERI (DOMENICHINO).

Né en 1581, mort en 1641.

124. — Martyre de saint Érasme, évêque.

H. 45 c., l. 35 c.

125. — Martyre de saint Étienne.

H. 25 c., l. 22 c.

126. — Tentation de saint Antoine.

H. 69 c., l. 51 c.

127. — Trois des Pendentifs de l'église de St-André della Valle, à Rome : saint Jean, saint Luc, saint Marc.

H. 41 c., l. 34 c.

128. — Miracle de la Conversion des eaux du Nil en sang.

H. 103 c., l. 177 c.

129. — Sainte Barbe.
                              H. 41 c., l. 21 c.

130. — Saint André.
                              H. 41 c., l. 21 c.

---

## PEINTURE DU XIVᵉ SIÈCLE.

131. — Deux tableaux à la détrempe.
                              H. 31 c., l. 58 c.

# ÉCOLE ESPAGNOLE.

### CANO (ALONZO).
Né en 1601, mort en 1667.

132. — Glorification de la Vierge et de l'Enfant-Jésus.
H. 20 c., l. 12 c.

133. — Vœu de Louis XIII.
H. 35 c., l. 32 c.

### CEREZO (MATTEO).
Né en 1635, mort en 1685.

134. — Assomption de la Vierge et de l'Enfant-Jésus.
H. 35 c., l. 22 c.

### CESPEDES (PAOLO).
Né en 1538, mort en 1608.

135. — La Cène de Notre Seigneur. — Style de Frédéric Zucchero, son ami.
H. 21 c., l. 48

136. — La Vierge et l'Enfant-Jésus se manifestent, au milieu d'une gloire, à saint Joseph et à saint François.
H. 46 c., l. 37 c.

## COELLO (CLAUDIO).
### Mort en 1693.

137. — La Mère de douleur ayant une vision de la Passion.
H. 44 c., l. 37 c.

## MURILLO (ESTEBAN).
### Né en 1618, mort en 1682.

138. — Saint Thomas de Villanueva distribuant des aumônes.
H. 44 c., l. 33 c.

139. — Présentation de saint Jean au Temple.
H. 129 c., l. 100 c.

140. — Jésus adolescent prie en présence des signes de la Passion.
H. 92 c., l. 74 c.

141. — Jésus, défaillant dans le jardin des Oliviers, est secouru par des Anges.
H. 14 c., l. 19 c.

## RIBERA (JUSEPE, DIT L'ESPAGNOLET).
### Né en 1588, mort en 1656.

142. — Saint Jérôme en méditation. Style du Dominiquin.
H. 129 c., l. 100 c.

## VALDES LEAL (juan).

Né en 1630, mort en 1691.

143. — Jésus-Christ, après sa résurrection se manifeste aux Apôtres.

H. 38 c., l. 55 c.

## VELASQUEZ (don diego rodriguez de sylva).

Né en 1559, mort en 1660.

144. — Portrait d'une Dame italienne richement parée.

H. 101 c., l. 85 c.

145. — Une Chartreuse.

H. 80 c., l. 104 c.

146. — Sancho à table chez la duchesse.

H. 49 c., l. 62 c.

147. — Étude de Chardons et Coquelicots.

H. 65 c., l. 49 c.

148. — Deux petits Portraits : ceux des enfants de Philippe IV.

H. 18 c., l. 15 c.

# ÉCOLES ALLEMANDE, FLAMANDE ET HOLLANDAISE.

## ALBERT DURER.
### Né en 1470, mort en 1528.

149. — Saint Jérôme.
H. 25 c., l. 35 c.

## BALEN (JEAN VAN).
### Né en 1611.

150. — Buste de la Vierge, dans un médaillon entouré de fleurs.
H. 25 c., l. 19 c.

## BERGHEN (DIRCK VAN).
### Né en 1640.

151. — Vaches paissant dans une riante campagne.
H. 57 c., l. 71 c.

## BOTH (JEAN, DIT BOTH D'ITALIE).
### Né en 1610, mort en 1655.

152. — Grandiose Étude pour le tableau de l'ancienne collection de l'Élysée Bourbon.
H. 97 c., l. 78 c.

153. — Site des Apennins, avec Chute d'eau.
H. 60 c., l. 73 c.

## CHAMPAIGNE (PHILIPPE DE).
Né en 1602, mort en 1674.

154. — Portrait en pied du cardinal de Richelieu, d'une remarquable exécution. — Il diffère de celui du Louvre.
H. 200 c., l. 180 c.

155. — Esquisse d'un tableau du musée de Dijon, l'Adoration des Bergers.
H. 51 c., l. 34 c.

## CRAYER (GASPARD).
Né en 1585, mort en 1669.

156. — La Vierge, l'Enfant-Jésus et le petit saint Jean.
H. 32 c., l. 24 c.

## DYCK (ANTOINE VAN).
Né en 1599, mort en 1641.

157 — Son portrait.
H. 65 c., l. 50 c.

158. — Esquisse du célèbre St-Martin de l'église de Savanthem, en Belgique.
H. 85 c., l. 73 c.

159. — Portrait d'Homme vêtu de noir.
H. 117 c., l. 93 c.

160. — Portrait d'Homme vêtu d'une cuirasse.
H. 70 c., l. 57 c.

161. — Portrait de Femme, pendant du précédent.
H. 70 c., l. 57 c.

162. — Étude de Portrait d'homme.
H. 38 c., L. 31 c.

163. — Sainte Barbe et saint Hubert.

### ELSHAIMER (ADAM).
Né en 1574, mort en 1620.

164. — L'Adoration des Bergers.
H. 37 c., L. 50 c.

### HALS (FRANÇOIS).
Né en 1584, mort en 1666.

165. — Portrait en pied d'Henriette d'Angleterre. — Encore enfant, elle joue av  un épagneul.
H. 90 c., L. 73 c.

### HELST (BARTOLOMÉ VAN DER).
Né en 1613.

166. — Portrait de Femme de bourgmestre.
H. 118 c., L. 89 c.

### HOBBEMA (MEINDER).
Contemporain de Ruysdael.

167. — Une clairière de forêt. — Le cavalier, les gardes et les chiens de chasse sont peints par Adrien Van den Velde.
H. 107 c., L. 134 c.

168. — Au premier plan coulent agitées les eaux d'un moulin, dont la fabrique est en pleine lumière; sur la verte prairie du rivage, le peintre a placé un troupeau de vaches.
H. 70 c., L. 84 c.

169. — Entrée d'une forêt, avec figures par Lingelback.

H. 85 c., l. 124 c.

## JORDAENS (JACQUES).
### Né en 1594, mort en 1678.

170. — Le Vieux Silène entraîné par une Bacchanale.

H. 24 c., l. 37 c.

## KESSEL (FERDINAND VAN).
### Contemporain de Ruysdael et d'Hobbema.

171. — Paysage au coucher du soleil.

H. 75 c., l. 98 c.

## KONING (SALOMON).
### Né en 1609.

172. — Un Peseur d'or.

H. 46 c., l. 35 c.

## MEER (JEAN VAN DER).
### Né en 1628, mort en 1691.

173. — Site des bords de la Meuse.

H. 32 c., l. 40 c.

## NÉEFS (PEETER).
### Né en 1570, mort en 1638.

174. — Messe de minuit. — Les figures sont peintes par Palamède.

H. 68 c., l. 100 c.

## NEER (EGLON VAN DER).

Né en 1643, mort en 1703.

175. — La Leçon de musique.

H. 41 c., l. 33 c.

## NETSCHER (GASPARD).

Né en 1639, mort en 1684.

176. — Portrait en pied d'un Chef d'escadre.

H. 92 c., l. 74 c.

## REMBRANDT (PAUL VAN RYN).

Né en 1606, mort en 1674.

177. — Portrait de son père en costume de meunier.

H. 49 c., l. 36 c.

178. — Un Cabinet d'Antiquaire.

H. 23 c., l. 37 c.

179. — Saint Jérôme.

H. 123 c., l. 103 c.

## RUBENS (PIERRE-PAUL).

Né en 1577, mort en 1640.

180. — Jésus reçoit de la main d'un Ange le calice d'amertume.

H. 31 c., l. 26 c.

## RUYSDAEL (JACQUES).

Né en 1610, mort en 1681.

181. — Un Moulin à vent.

H. 61 c., l. 83 c.

182. — Une Usine.
H. 74 c., l. 96 c.

183. — Un Gué.
H. 16 c., l. 64 c.

## SWANEVELT (DIT HERMAN D'ITALIE).
Né en 1620, mort en 1690

184. — Un Matin.
H. 45 c., l. 35 c.

185. — Un Soir.
H. 53 c., l. 67 c.

## TÉNIERS (DAVID LE JEUNE).
Né en 1610, mort en 1690.

186. — Mariage mystique de sainte Catherine. — Pastiche de Paul Véronèse.
H. 51 c., l. 47 c.

## VELDE (ADRIEN VAN DEN).
Né en 1639, mort en 1672.

187. — Étude de Femme trayant une vache.
H. 16 c., l. 22 c.

## VERKOLIE (JEAN).
Né en 1650, mort en 1693.

188. — Une Dame appelle son chien, tandis que la servante se prépare à faire le lit.
H. 53 c., l. 48 c.

## WEENIX (JEAN).

Né en 1644, mort en 1719.

189. — Gibier mort gardé par un Lévrier.
H. 97 c., l. 129 c.

190. — Gibier, Carnassière et Fusil.
H. 68 c., l. 58 c.

# ÉCOLE FRANÇAISE.

---

### ANNÉE (CHARLES).
Décédé récemment.

191. — La Visite du Médecin.
H. 56 c., l. 47 c.

192. — Le Bain de pied.
H. 56 c., l. 47 c.

### BOULANGER (FRANÇOIS).
Florissait dans le XVIIe siècle.

193. — Fontaine de Candione. — Provenant du château de Sassuolo, dans le Modénais.
H. 82 c., l. 119 c.

194. — Fontaine de la Mule. — Provenant du château de Sassuolo, dans le Modénais.
H. 82 c., l. 119 c.

195. — Bacchus exauce les prières de trois Buveurs.
H. 112 c., l. 99 c.

## CALLOT (JACQUES).

Né en 1593, mort en 1635.

196. — Les Bohémiens en voyage. — Acheté à Modène.
H. 24 c., l. 27 c.

197. — Halte de Bohémiens. — Acheté à Modène.
H. 24 c., l. 27 c.

## CHARDIN (JEAN-BAPTISTE).

Né en 1698, mort en 1779.

198. — Son Portrait.
H. 21 c., l. 15 c.

199. — Une Tricoteuse.
H. 29 c., l. 23 c.

## CLAUDE GELÉE (DIT LE LORRAIN).

Né en 1600, mort en 1682.

200. — Soleil couchant. — Un pâtre et son troupeau se reposent près d'un fleuve. Les figures et les animaux sont de Berghem.
H. 73 c., l. 93 c.

201. — Soleil couchant. — Chasse du sanglier de Calydon. Les figures sont peintes par Philippe Lauri.
H. 60 c., l. 74 c.

202. — Soleil couchant. — Fuite de la sainte Famille, avec figures par Philippe Lauri.
H. 25 c., l. 35 c.

203. — Étude pour la Danse villageoise.
H. 59 c., l. 94 c.

204. — Étude du campo Vaccino.
H. 24 c., l. 31 c.

### CLÉRIAN.
**Peintre contemporain.**

205. — Rembrandt fait hommage à son Père du prix de son premier Tableau.
H. 47 c., l. 57 c.

### CORNEILLE (MICHEL).
Né en 1642, mort en 1708.

206. — Mort de la Vierge.
H. 41 c., l. 54 c.

### DAGNAN (ISIDORE).
**Peintre contemporain.**

207. — Vue de Dinan et des Bords de la Rance.

208. — Vue de la Rade de Marseille, prise de la maison des Bains.

209. — Plusieurs autres Vues sous ce numéro.

### DAVID (JACQUES-LOUIS).
Né en 1748, mort en 1825.

210. — Le Premier Consul signant le traité de Campo Formio.
H. 31 c., l. 23 c.

## GÉRICAULT (JEAN-LOUIS-THÉODORE-ANDRÉ).

### Né en 1791, mort en 1824.

211. — Une Manœuvre d'artillerie.
H. 91 c., l. 145 c.

212. — Le Chien blessé.
H. 20 c., l. 39 c.

## GIRODET TRIOSON (ANNE-LOUIS).

### Né en 1767, mort en 1824.

213. — Portrait en pied de l'empereur Napoléon.
H. 92 c., l. 74 c.

214. — Étude de Bacchante.
H. 33 c., l. 25 c.

## GREUZE (JEAN-BAPTISTE).

### Né en 1726, mort en 1805.

215. — Jeune Fille tenant une Colombe.
H. 66 c., l. 54 c.

216. — Étude de Jeune Fille, avec le sein nu.
H. 42 c., l. 32 c.

217. — Une Jeune Fille qu'entraînent des Amours.
H. 65 c., l. 81 c.

218. — Intérieur de Cuisine.
H. 20 c., l. 20 c.

## GROS CLAUDE.

### Peintre contemporain.

219. — Le Buveur, ou le Salut militaire.
H. 107 c., l. 87 c.

220. — Le Mélomane.

H. 90 c., l. 74 c.

221. — La Lecture.

H. 99 c., l. 83 c.

222. — Une Étable.

H. 67 c., l. 82 c.

## LAFOSSE (CHARLES DE).
### Né en 1640, mort en 1716.

223. — Étude de Bacchanale, dans le style du Poussin.

H. 18 c., l. 27 c.

## LARGILLIÈRE (NICOLAS DE).
### Né en 1656, mort en 1746.

224. — Portrait de la marquise du Châtelet.

H. 25 c., l. 23 c.

## LEBRUN (CHARLES).
### Né en 1619, mort en 1690.

225. — Esquisse de la Madeleine du Musée du Louvre.

H. 52 c., l. 38 c.

## LESUEUR (EUSTACHE).
### Né en 1617, mort en 1655.

226. — Saint Bruno en prières.

H. 82 c., l. 65 c.

227. — Conversion de saint Bruno. — Composition identique à celle du Musée du Louvre, mais réduite.

H. 119 c., l. 88 c.

## POUSSIN (NICOLAS).

Né en 1594, mort en 1665.

228. — Étude pour le Moïse exposé sur le Nil.
H. 50 c., l. 61 c.

229. — Une Pêche au son de la Flûte.
H. 98 c., l. 131 c.

## PRUDHON (PIERRE-PAUL).

Né en 1760, mort en 1823.

230. — Le Zéphyre qui se balance sur les ondes. — Cette réduction du grand tableau fut faite pour le comte de Forbin.
H. 22 c., l. 16 c.

## SUBLEYRAS (PIERRE).

Né en 1699, mort en 1749.

231. — La Coquetterie.
H. 47 c., l. 38 c.

232. — Le Repentir.
H. 47 c., l. 38 c.

## TOURNIÈRES (ROBERT).

Né en 1676, mort en 1752.

233. — Portrait du Régent Philippe d'Orléans.
H. 36 c., l. 25 c.

## VERNET (CLAUDE-JOSEPH).

Né en 1714, mort en 1789.

234. — Site des Apennins.
H. 52 c., l. 43 c.

235. — Clair de Lune.
H. 39 c., l. 50 c.

## WATTEAU (ANTOINE).

Né en 1684, mort en 1721.

236. — La Signature de Contrat de la Noce de Village. — Provenant de l'ancienne collection du duc d'Aremberg. Gravé par Cardon.

H. 54 c., l. 73 c.

## DE TRIQUETI.

237. — Une Madeleine, en marbre de Carrare.

www.ingramcontent.com/pod-product-compliance
Lightning Source LLC
Chambersburg PA
CBHW030056230526
45471CB00003B/1119